# Seraphine Putz
# Das kleine Brotbuch

Seraphine Putz

# Das kleine Brotbuch

Mit Farbbildern
von Gustav Sonnewend

Tyrolia-Verlag · Innsbruck–Wien

Dank an das Tiroler Heimatwerk, Innsbruck,
für die Bereitstellung von Geschirr
Haushaltungsschule Rotholz und Frl. Greil und Bachler
für die Mithilfe

Die Deutsche Bibliothek – CIP-Einheitsaufnahme

*Putz, Seraphine:*
Das kleine Brotbuch / Seraphine Putz.
Mit Farbbildern von Gustav Sonnewend. – 2. Aufl. –
Innsbruck : Wien : Tyrolia-Verl., 1994
ISBN 3-7022-1791-6

1994
Alle Rechte bei der Verlagsanstalt Tyrolia, Innsbruck
Gesamtherstellung: Athesia-Tyrolia Druck, Innsbruck

## Rund um das Brotbacken

Brot zählt bei uns immer noch zu den wichtigsten „Grundnahrungsmitteln". In den letzten Jahren hat das Angebot an Vielfalt stark zugenommen. Aber auch das Selberbacken von Brot ist in, und jeder ist mit Recht stolz auf sein selbstgebackenes Brot.
Sehr begrüßenswerten Eingang fand die Verwendung von Vollkornmehlen, wertvollen Samen und Kernen und die Anreicherung mit Ballaststoffen im Brot. Wir wissen, daß es besonders wichtig ist, daß Brot, das wir täglich mehrmals essen, mit vollwertigen Mehlen und hochwertigen Zutaten gebacken wird.
In fast allen Rezepten dieses Büchleins wird zu einem Teil oder ausschließlich Vollmehl verwendet. So sollen diese Rezepte nicht nur Gaumenfreuden, sondern auch gesundheitliche Werte bringen. Wenn Sie vor Beginn des Backens die Backregeln aufmerksam lesen, wird es Ihnen nicht schwerfallen, zur erfolgreichen Hobbybäckerin zu werden.

## *Worauf es beim Brotbacken ankommt*

## Das Mehl

Der Klebergehalt des Mehles bestimmt seine Backfähigkeit.
Weizen, Dinkelweizen, Roggen, aber auch Hafer und Buchweizen haben eine gute Backfähigkeit. Gerste kann in einem kleinen Mehlanteil mitverbacken werden. Der gesundheitliche Wert des Mehles wird durch seinen Ausmahlungsgrad bestimmt. Je höher der Anteil des verbackenen Vollmehles, desto größer ist der Gesundheits-, aber auch Geschmackswert des Brotes. Wünschenswert ist die Nützung, d. h. das Verbacken aller Getreidearten.

## Die Treibmittel

Ihre Aufgabe ist es, den Teig durch Gase zu lockern und damit ein bekömmliches Brot zu bewirken. Bevorzugt werden Hefe und Sauerteig, zum geringen Teil auch ein Backferment und Backpulver verwendet.

## Die Hefe

Sie ist sowohl als Frisch- oder Preßhefe oder als Trockenhefe erhältlich. Bei Trockenhefe ist – wenn im Rezept nicht ausdrücklich genannt – die vorgegebene Hefemenge etwas höher zu halten.
Hefe nimmt man vor allem zu Weizenbroten. Auch für Mischbrote mit geringem Roggenanteil ist nur Hefe verwendbar. Für Mischbrote mit höherem Roggenanteil und für Roggenbrote ist unbedingt Sauerteig mitzuverwenden bzw. der Geschmacksrichtung entsprechend nur Sauerteig zu nehmen.
Hefe ist ein Schnellgeher und schließt bei der Gärung wohl den Weizen, nicht aber den Roggen auf. So fehlen bei mit Hefe gebackenen Misch- oder Roggenbroten die Inhaltsstoffe des Roggens zum großen Teil. – Der mit Hefe gebackene Teig ist wie jeder Hefeteig herzustellen.

*Von links nach rechts:*
*Grahamweckerl (S. 28), Schusterlaibchen (S. 29), Müslibrot (S. 52), Leinsamenbrot (S. 45), Schrotlaibchen (S. 41), Rosinensemmel (S. 36)* ▷

## Der Sauerteig

Das Backen von Sauerteigbrot ist nicht schwierig. Sauerteig kann selbst hergestellt werden; flüssig oder als Trockenpulver ist er im Reformhaus oder beim Bäcker erhältlich.

Die Herstellung von Natursauer ist einfach: ⅛ l lauwarmes Wasser, 2 EL Sauermilch, 40 g Roggenmehl und 1 TL gemahlenen Kümmel verrühren und mit Folie zugedeckt unter öfterem Umrühren 24 bis 36 St. stehen lassen. Dann rührt man damit nochmals ¼ l lauwarmes Wasser und 150 g Roggenmehl glatt und stellt den Ansatz weitere 12 bis 24 St. an einen warmen Ort. Nun ist der Sauerteig fertig und sollte angenehm säuerlich und leicht alkoholisch riechen.

Für den weiteren Bedarf wird vom fertigen Brotteig eine entsprechende Menge Teig in ein Gefäß oder ein Nylonsackerl gegeben und im Kühlschrank aufbewahrt. Wird der Sauerteig getrocknet, ist er sehr lange verwendbar, allerdings schwerer aufzulösen.

Roggenbrot nur mit Hefe gebacken schmeckt fad, ist klebrig und feucht. Die Mischung von Sauerteig und Hefe ergibt ein mild säuerliches, im Aroma abgerundet schmeckendes Brot.

Beim Verbacken von Sauerteig und Hefe darf die Hefe erst beim Teigmischen, nicht aber zum Sauerteigansatz beigegeben werden. Da die Hefe ein Schnell-, der Sauerteig ein Langsamentwickler ist, entwickelt sich der Sauerteig zuwenig.

## Die Gußflüssigkeit

Mit der Verwendung nicht nur von Wasser, sondern von Molke, Buttermilch, Joghurt, Kräutertees, ja sogar Bier und Most, kann man Brot in vielen Geschmacksrichtungen backen.

Ist keine genaue Wassermenge im Rezept vorgegeben, nimmt man ungefähr ⅔ des Gewichtes der Mehlmenge an Wasser. Die Temperatur der Flüssigkeit ist von der Art des verbackenen Mehles abhängig.

Bei Vollkornbroten nimmt man, wenn nicht anders angegeben, kaltes Wasser; für Mischbrot und Brot aus herkömmlichen Mehlen 35grädiges Wasser.

Während man bei Verwendung von Vollmehl die

Hefe in kaltem oder nur lauem Wasser auflöst, setzt man den Sauerteig immer mit 35grädigem Wasser an. Das kalte Wasser verhindert bei Vollmehlen ein strohiges Brot. Die Verwendung eines Thermometers ist anzuraten.

## Die Brotgewürze

Pro 1000 g Mehl nimmt man 20 g Salz.
Ansonsten gilt, von Spezialrezepten abgesehen, die Regel:
Dunkle Mehle kräftige Gewürze wie Fenchel, Koriander, Kümmel, Brotklee . . .
Helle Mehle milde Gewürze wie Anis, Kümmel, Sesam, Kräuter . . .
Die Gewürze wirken besonders geschmacksintensiv, wenn sie vermahlen verwendet werden.
Außer Sesam haben auch Mohn, Sonnenblumenkerne, Kürbiskerne, Leinsamen, Sojaschrot, Trockenfrüchte, Nüsse, Zimt, Vanille usw. einen hohen und immer wieder abwechslungsreichen Geschmacks- und Genußwert. Sie ermöglichen das Backen vielfältiger Brote. Vollkornmehle ergeben

aber an sich schon ein besonders geschmackvolles und würziges Brot.

## Die Backtemperatur

Sie hat einen wesentlichen Einfluß auf Qualität und Geschmack des Brotes.

Als Regel gilt: Die Backtemperatur ist mit Beginn des Backvorganges am höchsten und wird dann allmählich abgesenkt. Verbunden mit Wasserdampf durch Einschwellen und durch Einstellen eines Wassergefäßes bildet sich sofort eine leichte Kruste. Das Brot bäckt langsam durch, ohne zu dunkel zu werden. Hat das Brot seine volle Größe erreicht, senkt man die Backtemperatur ab.

Dies ist bei großen Broten ca. 20 Min. nach dem Einschub, bei kleinen Gebäcken ca. 15 Min. nach dem Einschub. Wenn im Rezept nicht anders vorgegeben, bäckt man:

Roggenbrotlaibe bei 255° an und mit 210–220° aus.
Weizenbrote bei 230–240° an und bei 190–200° aus.
Kleine Brote bäckt man mit Vollkorn bei 250°, mit Auszugmehlen bei 200–210°.

Grundsätzlich gilt, daß Teige mit Wasser als Gußflüssigkeit bei höheren Temperaturen gebacken werden als Teige, für die man Milch verwendet.
Da die Backeigenschaften des Herdes mitberücksichtigt werden müssen, ist es angeraten, sich nicht starr an die vorgegebenen Temperaturen zu halten.
Das Brot ist fertig, wenn es beim Klopfen am Boden hohl klingt.

## Regeln zum Backen

- Der Backraum muß gleichmäßig warm (mindestens 20°) und frei von Zugluft sein.
- Mehl und Zutaten müssen, wenn nicht anders angegeben, beim Backen zimmerwarm sein.
- Die Temperatur der Gußflüssigkeit beträgt, wenn im Rezept nicht anders angeführt, 35° C.
- Für Vollkornbrote nimmt man kaltes Wasser, um ein Strohigwerden des Brotes zu verhindern.
- Das Vorquellen des Vollkornmehles vor der Teigbereitung ergibt saftiges, lockeres Vollkornbrot.

*Mürbe Kipferl (S. 30)* ▷

- Vorgegebene Flüssigkeitsmengen sind relativ, da sie auch von der Mehlbeschaffenheit abhängig sind. Man gibt die Flüssigkeit daher nach und nach zum Teig.
- Wichtig für eine gute Teigbeschaffenheit ist das Kneten des Teiges. Von Hand muß er mindestens 15 Min., mit der Maschine 10 Min. geknetet werden. Er soll bindig und elastisch sein.
- Wichtig ist auch das zweite Kneten, wobei auf den Teig ein Druck ausgeübt wird, um die Gärgase auszudrücken.
- Der Teig muß zugedeckt an einem warmen und zugfreien Platz gehen.
- Die ausgeformten Brote dürfen nicht übergehen. Wenn sie eine Neigung zum Reißen und Zerlaufen zeigen, sind sie sofort in das Backrohr einzuschieben.
- Bei sichtbarem Reißen wird das Brot nochmals kurz geknetet, geformt und sofort eingeschoben.
- Das Backrohr ist, abgesehen von Spezialrezepten, stets vorzuheizen.
- Krustenreiche Brote sind schmackhafter, daher

ist eine anfänglich höhere Temperatur zu wählen.
- Sauerteig- und Vollkornbrote sind mit Schwadendampf zu backen. Man schüttet beim Einschieben etwas Wasser ins Backrohr und stellt ein Wassergefäß ein.
- Eine glänzende Kruste erzielt man, wenn das Brot vor dem Einschieben und ca. 5 Min. vor Backende mit Flüssigkeit bepinselt wird.

*Was beim Backen mißlingen kann*
- Fehlerhaftes Mehl ergibt fehlerhaftes Brot
- Fehler in der Sauerteigführung
- Teigbereitungs- und Backfehler

## Fehlerhaftes Mehl

Mehl aus notgereiftem Getreide weist einen schlechten Klebergehalt auf. Brote mit schlechtem Klebergehalt gehen wenig auf und zerlaufen.

## Fehler in der Sauerteigführung

Eine zu geringe Sauerteigmenge oder ein schlecht gereifter Sauerteig bewirkt faden, aromaarmen Geschmack, eine feuchte, speckige Krume oder eine trockene, unelastische Kruste, eine geringe Lockerung und grobe Porung sowie ein flaches, mangelhaft aufgegangenes Brot.

## Fehler in der Teigbereitung und beim Backen

Ein zu weicher Teig ergibt eine ungleichmäßige Porung. Ein zu fester Teig bewirkt eine schwache Lochung und ein klebriges Brot.

Zu kurze Gehzeiten ergeben eine feuchte, unelastische Krume und schlechte Lockerung.

Wird ohne Einschwaden bzw. Schwellen und ohne Wassergefäß gebacken, reißt die Rinde und die Brote bleiben flach.

Eine zu niedrige Backtemperatur oder ein Einschieben in ein nicht oder zuwenig vorgeheiztes Rohr bringt ähnliche Backergebnisse.

Es wäre noch vieles zu beachten und anzuführen. Da es aber den Rahmen dieses Büchleins sprengen würde, müssen wir es Ihnen überlassen, Ihre persönlichen Erfahrungen zu machen.

# *Erläuterungen*

| | |
|---|---|
| Ausschlagen | – den Teig unter Drücken und Klopfen durchkneten, damit die Gärgase gut entweichen |
| Einschwaden | – Wasser ins Rohr schütten, damit sofort Dampf entsteht |
| EL | – Eßlöffel |
| Germ | – Hefe |
| KL | – Kaffeelöffel |
| Preßhefe | – frische Hefe in Würfel gepreßt |
| Schleifen | – kleine Teigstücke mit der hohlen Hand am Teigbrett unter leichtem Druck zu kleinen Gebäcken formen |
| Teigschluß | – Knetende des Gebäcks; man setzt das Brot fast immer mit dem Schluß nach unten auf das Blech |
| TL | – Teelöffel |
| Topfen | – Quark |
| Wirken | – gleicher Vorgang wie schleifen; wird aber auch für große Brote verwendet |
| Zerschleichen | – Zerrinnen der Butter ohne richtiges Erhitzen |

# Kleine Gebäcke

## Frühstücksweckerl

*1000 g Weizenvollkornmehl, 70 g Preßhefe, 10 g Salz, 50 g Rohrohrzucker, 50 g Honig, 80 g Butter, 150 g Rosinen, 100 g Sonnenblumenkerne, 150 g Walnüsse, 1 KL Zimt, 600 g Wasser*

Mehl, Salz und Zimt trocken vermischen, in eine Holz- oder Steingutschüssel geben und in der Mitte ein Grübchen machen, die in kaltem Wasser aufgelöste Hefe hineingeben und leicht mit Mehl vermengen; dann Honig und Rohzucker und nach und nach das 30grädige Wasser beimengen. Ist der Teig gut durchgeknetet, kommen Früchte, Nüsse, Sonnenblumenkerne und die in Flocken geschnittene Butter dazu. Den gut abgedeckten Teig läßt man an einem warmen, zugfreien Platz 30 Min. gehen. Den Teig nochmals gut durchkneten, bis er so elastisch ist, daß die Druckstelle sofort verschwindet, wenn man mit dem Finger hineindrückt. Den Teig in ca. 80 g große Stücke teilen und diese rund wirken, wobei man sie zum Schluß leicht oval ausformt. Man rollt sie längsseitig ein und setzt sie mit dem Teigschluß nach unten auf ein leicht vorgewärmtes bemehltes Brett. Gut zugedeckt 40 Min. aufgehen lassen. Dann die Weckerl mit dem Schluß nach oben auf ein befettetes Blech legen und mit zerklopftem Ei bestreichen. Bei 200° C bäckt man sie ca. 20 Min. Diese Weckerl sind auch ein vorzügliches Jausengebäck für Schulkinder.

## *Weizenvollkornsemmeln*

*500 g Vollkornmehl, fein vermahlen bzw. ausgesiebt, 30 g Preßhefe, 10 g Salz, 350 g kaltes Wasser*

Abänderungen: *100 g Sonnenblumenkerne oder 100 g goldgelb gerösteter Sesam oder 100 g Kürbiskerne, dazu nach Geschmack Kümmel, Koriander, Fenchel*

*Frühstücksweckerl* ▷

Mehl, Salz, Gewürze und Geschmackszutaten trocken vermischen, die aufgelöste Hefe zufügen und mit dem Wasser alles zu einem Teig verrühren. Den Teig von Hand 15 Min. bzw. mit einer Küchenmaschine 8–10 Min. kneten. Hierauf den Teig 10 Min. rasten lassen. Den Teig nochmals gut durchkneten, bis alle Gärgase entwichen sind. Dann teilt man ihn in 5 Teile und formt diese mit gut durchgreifenden Bewegungen rund und viertelt sie. Jeder Teil wird nochmals mit der hohlen Hand geschliffen, wobei man während des Rollens einen starken Druck auf die Semmeln ausübt. Die Semmeln mit dem Teigschluß nach unten auf ein befettetes Blech setzen, mit Wasser bepinseln und sie je nach Wunsch in den gerösteten Sesam, Mohn, Mehl, Haferflocken tauchen oder sie glatt lassen.

Nach 20 Min. Gehzeit werden sie in das auf 250° vorgeheizte Rohr eingeschoben, wo schon ein Gefäß mit Wasser steht. Die Backzeit beträgt 10 bis 15 Min.

Die Semmeln läßt man auf einem Rost auskühlen.

## Kümmelzöpfe

*800 g Weizenmehl, 200 g feines Hafermehl, 60 g Preßhefe, ca. ½ l lauwarme Milch, 2 Eier, 100 g Butter oder Öl, 20 g Salz*

Das Mehl mit dem Salz vermischen und in eine Backschüssel geben. In der Mitte eine Grube machen und die in kalter Milch aufgelöste Hefe mit etwas Mehl vermengen und bestäubt aufgehen lassen. Die Butter in Flocken rund um das Mehl legen, Milch, Öl, Eier verrühren und alles zu einem Teig verarbeiten. Diesen durchkneten, bis er sich von den Fingern löst und gut bindig ist. Zugedeckt an einem warmen Ort aufgehen lassen, bis er sich verdoppelt hat. Den Teig nochmals gut durchkneten und in 10 g schwere Teile teilen. Daraus gleich lange Röllchen rollen, je drei zu einem Zöpfchen flechten und die Enden gut zusammendrücken.

Die Zöpfe werden auf ein befettetes Blech gelegt, mit kaltem Wasser bestrichen und mit Kümmel bestreut. Dann bäckt man sie im vorgeheizten Rohr bei 200° ca. 15 Min.

## Laugenbrezel

*500 g Weizenvollmehl, 500 g Weizenmehl, ca. 580 g kaltes Wasser, 30 g Salz, 40 g Preßhefe, 1 l 5prozentige Natronlauge (von Apotheke)*

Mehl und Salz vermischen, die in kaltem Wasser aufgelöste Hefe und das Gußwasser unterrühren. Den Teig von Hand mindestens 15 Min. oder mit Maschine 10 Min. kneten. Ist der Teig glatt und bindig, wird er in kleine Teile zu etwa 60 g aufgeteilt. Von diesen Stücken rollt man je 5 auf 25 cm aus. Sind alle 5 halb ausgerollt, so beginnt man wieder mit dem ersten und rollt ihn zur Gesamtlänge von 50 cm aus, wobei der Mittelteil etwas dicker bleibt, damit die Brezel bauchig wird. Nun schlingt man daraus die Brezeln und legt sie umgekehrt auf ein bemehltes Brett. Sind alle Brezeln geformt, läßt man sie ca. 30 Min. in einem kühlen Raum gehen. Dann hält man sie am besten mit einer Küchen-

▷

schaufel in das Gefäß (Porzellanschüssel) mit der
5%igen Natronlauge. Nach wenigen Sekunden,
wenn sie benetzt sind, legt man sie auf das befettete
Blech. Man bäckt sie im vorgeheizten Rohr mit
leicht steigender Hitze bei 250–260°. Das Backrohr
soll einen kleinen Spalt offenbleiben, damit der
Laugendampf abziehen kann. Die Brezel ißt man
am besten möglichst frisch.

## *Grahamweckerl*

*500 g Grahammehl, 10 g Salz, 40 g Preßhefe, 4 EL Öl, 200 g Wasser, 100 g Milch, 1 TL Honig bzw. Zucker*

Mehl und Salz mischen und in die Backschüssel geben. Die in kaltem Wasser gelöste Hefe in einer Mehlgrube mit etwas Mehl verrühren und einige Min. aufgehen lassen. Dann Öl, Milch und Wasser langsam in den Teig einarbeiten und den Teig so lange kneten, bis er sich von der Schüssel löst und bindig ist. Man läßt ihn zugedeckt an einem warmen Ort aufgehen. Unter etwas Mehlzugabe nochmals gut durchkneten und dann in 5 Teile teilen. Jeden Teil durch kreisende Bewegungen rund formen und diese Kugeln nochmals vierteln. Jeder Teil wird nun mit der hohlen Hand gut geschliffen oder, wie man es auch bezeichnet, durch abermals kreisende Bewegungen unter starkem Druck gerollt. Man drückt die Kugel zu einem leicht ovalen Blatt und rollt dieses längsseitig ein. Dann setzt man die Weckerl mit dem Teigschluß nach oben auf ein gefettetes Blech und läßt sie nochmals ca. 5–10 Min. gehen. Man bestreicht sie mit kaltem Wasser und schiebt sie auf mittlerer Schiene bei 250° in das vorgeheizte Rohr; ca. 10–13 Min. backen. Auf ein Wassergefäß nicht vergessen.

## *Schusterlaibchen*

*200 g Weizenmehl, 400 g Roggenmehl, 10 g Salz, 40 g Preßhefe, 1 TL gemahlener Kümmel, ⅜ l lauwarmes Wasser, 1 TL Zucker*

Mehl und Gewürze in der Backschüssel mischen, in die Mitte ein Grübchen machen und hier die kalt aufgelöste Hefe mit dem Zucker und etwas Mehl zu einem Dampfl anrühren. Ist es aufgegangen, arbeitet man Wasser und Dampfl in das Mehl ein und knetet den Teig durch, bis er sich löst. Nach 10 Min. Gehzeit knetet man den Teig nochmals gut durch und teilt ihn in 50–60 g schwere Teile. Diese schleift man mit der Hand unter gutem Druck zu Kugeln und setzt sie mit dem Schluß nach oben auf ein bemehltes Tuch zum Gehen. Nach ca. 20 Min. gibt man die Laibchen mit dem Schluß nach unten auf ein befettetes Blech, drückt sie etwas flach und bestreut sie mit Salz. Im vorgeheizten Rohr werden sie bei 220° ca. 20 Min. gebacken.

## Mürbe Kipferl

*500 g Weizenmehl oder 300 g Weizenmehl und 200 g Weizenvollmehl, 30 g Preßhefe, ¼ l lauwarme Milch, 50 g Butter, 1 Ei, 1 gute Prise Salz (Teig kosten), 1 Ei, 2 EL Zucker*

Mehl und Salz vermengen und in die Backschüssel geben. In der Mitte ein Grübchen machen und aus Hefe, etwas kalter Milch, 1 TL Zucker und wenig Mehl ein Dampfl ansetzen. Die Milch erwärmen, Zucker und Ei darin versprudeln und die Butter in Flocken um das Mehl legen. Aus diesen Zutaten einen Teig bereiten und gut abschlagen. Der Teig mit Vollmehl muß etwas weicher gehalten werden. Den bindigen Teig leicht bestäuben und zugedeckt an einem warmen Ort aufgehen lassen. Dann rollt man ihn auf einem bemehlten Brett zu einem Blatt aus und teilt dieses in 15 Quadrate. Jedes Quadrat teilt man in 2 Dreiecke und rollt diese, von der Breitseite beginnend, zu Kipferl ein, legt sie auf ein befettetes Blech, bestreicht mit Milch und bäckt sie im vorgeheizten Rohr bei 200° goldbraun.

*Specklaibchen (S. 34)* ▷

## Specklaibchen

*500 g Roggenmehl, 250 g Weizenmehl, 15 g Salz, 60 g Sauerteig, 10 g Preßhefe, 1 EL gemahlene Gewürze (Kümmel, Fenchel, Koriander), 100 g feinst geschnittener Magerspeck, 1 EL fein geschnittene und geröstete Zwiebel, ca. 300 g lauwarmes Wasser*

Das Mehl mit Gewürzen und Salz mischen und in die Backschüssel geben. In die Mitte eine Grube machen und hier hinein den mit lauwarmem Wasser aufgelösten Sauerteig geben und mit etwas Mehl verrühren. Dann leicht bestäubt aufgehen lassen. Die Hefe in wenig kaltem Wasser auflösen, beifügen, ebenso wie die geröstete Zwiebel und den feinst geschnittenen Magerspeck. Alle Zutaten verrühren und mit dem Wasser zu einem Teig verarbeiten. Den Teig gut kneten, händisch mindestens 15 Min., und zugedeckt an einem warmen Ort aufgehen lassen. Dann wird der Teig nochmals intensiv durchgeknetet und in ca. 50–60 g große Teile geteilt. Diese schleift man unter Druck zu Kugeln oder kleinen viereckigen Gebilden und setzt sie mit dem Schluß nach unten auf ein befettetes Blech. Nach nochmaligem kurzem Gehen bäckt man sie im vorgeheizten Rohr bei 220°. Frisch gegessen, munden sie besonders zu Butter- und Sauermilch und Eiern.

## Topfensemmeln

*450 g Weizenvollkornmehl, 2 leicht gehäufte TL Backpulver, schwach 10 g Salz, 450 g Magertopfen, 1 Dotter, 30 g Rohrohrzucker oder 1 EL Honig*

Mehl, Salz und Backpulver vermischen; Topfen, Süßstoff und Dotter gut verrühren und mit einem Mixer oder einer Küchenmaschine löffelweise in das Mehl einarbeiten. Dann den Teig auf einem Brett und mit leichter Mehlzugabe zu einem formbaren, nicht klebenden Teig verkneten. Der Teig soll leicht feucht sein. Daraus rollt man eine 5 cm dicke Rolle und schneidet etwa 10 Teile ab. Diese formt man leicht zu runden Semmeln, setzt sie auf ein befettetes Blech und bestreicht sie mit zerklopftem Ei. Das Rohr 2 Min. auf 150° vorheizen, die Semmeln auf der Mittelschiene einschieben und 10 Min. bei 150° und dann ca. 10 Min. bei 180° fertigbacken.

## *Rosinensemmeln*

*300 g Weizenmehl, 300 g Weizenvollkornmehl, ½ TL Salz, 40 g Preßhefe, 4 EL Milch, ¼ l Wasser, 80 g Butter, 1 EL Honig, 1 KL Zimt, 100 g Rosinen, 2 EL Rum*

Die gewaschenen Rosinen im Rum einweichen. Mehl, Salz und Zimt mischen und in der Mehlmitte mit der aufgelösten Hefe, Milch und etwas Mehl ein Dampfl anrühren. Die Butter flockenförmig um das Mehl legen, den im Wasser gelösten Honig und das Wasser dazugeben und zu einem Teig verrühren. Zum Schluß die Rosinen einarbeiten. Dann wird der Teig gut geknetet. Zugedeckt läßt man ihn in einem warmen Raum aufgehen, bis er sich verdoppelt hat. Nun wird er nochmals gut durchgearbeitet, bis die Gärgase entwichen sind. Dann teilt man den Teig in ca. 50 g schwere Teile und schleift diese mit der Hand und unter Druck zu runden Semmeln. Diese setzt man mit dem Schluß nach unten auf ein befettetes Blech und läßt sie an einem warmen Ort zugedeckt nochmals ca. 10 Min. aufgehen. Mit kaltem Wasser bepinseln und auf mittlerer Schiene im auf 220° C vorgeheizten Rohr backen. Auf das Einstellen eines Wassergefäßes nicht vergessen.

## Croissants

*300 g Weizenmehl, 170 g Butter, ⅛ l Milch, 40 g Preßhefe, 1 Ei, 2 EL Zucker, 1 Prise Salz*

In das gesalzene Mehl die mit etwas kalter Milch aufgelöste Hefe mischen, die restliche Milch, worin Zucker und Ei versprudelt wurden, dazugeben und alles zu einem geschmeidigen Teig abschlagen. Den Teig warm stellen und aufgehen lassen. Dann wird er ausgerollt und die Hälfte des Teiges mit der aufgeflockten Butter belegt und die 2. Teighälfte darübergelegt. Der Teig wird erneut ausgerollt, zusammengeschlagen und dieser Vorgang ca. 5–6mal wiederholt, bis die Butter eingearbeitet ist. Nun rollt man ihn erneut dünn aus, schneidet ca. 10x10-cm-Quadrate und rollt diese von einer Spitze beginnend zu Kipferln. Auf einem befetteten Blech läßt man sie nochmals zugedeckt aufgehen, bestreicht sie mit zerquirltem Ei und bäckt sie im vorgeheizten Rohr bei 220° goldbraun.

## Brioches

*700 g Weizenmehl, 40 g Preßhefe, 1 EL Zucker, 250 g Butter, 3 Eier, 1 Prise Salz, ¼ l Milch*

Mehl und Salz mischen, die gelöste Hefe in der

▷

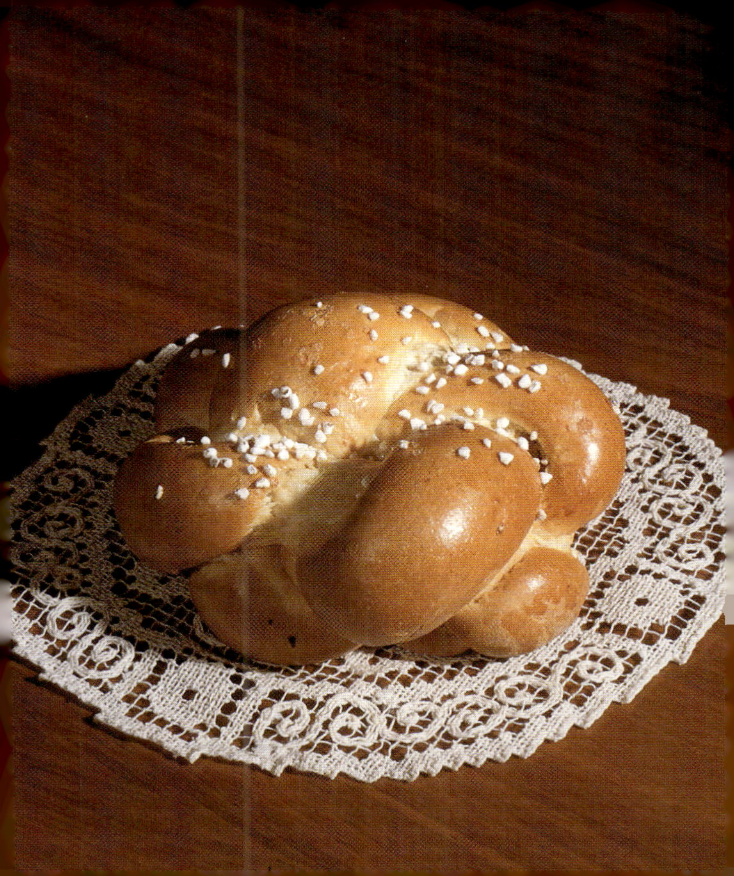

Mehlmitte mit etwas Mehl zu einem Dampfl verrühren. Die Butter in Flocken um das Mehl legen, Eier und lauwarme Milch versprudeln. Die gezukkerte Eiermilch mit Mehl, Dampfl und Butter zu einem glänzenden Teig gut verkneten. Dann zugedeckt an einem warmen Ort aufgehen lassen. Mit leichter Mehlzugabe wird der Teig nochmals durchgeknetet, bis alle Gärgase entwichen sind, und in 50 g schwere Teile geteilt, wobei man einen kleinen Teil Teig zurückbehält. Die Teile werden zu Kugeln geschliffen, auf ein befettetes Backblech gesetzt und in die Mitte eine Vertiefung eingedrückt. Dahin setzt man ein aus dem restlichen Teil geformtes kleineres Kugerl und bestreicht das Gebäck mit zerquirltem Ei. Nach nochmaligem Aufgehen werden die Brioches im vorgeheizten Rohr bei 220° goldbraun gebacken.

## Feine Schrotlaibchen

*300 g grob gemahlenes Weizenvollmehl, 300 g Weizenmehl, 11 g Salz, 20 g Preßhefe, ⅛ l Milch und ca. ⅜ l lauwarmes Wasser, 1 EL Zucker, 1 TL gemahlener Anis*

Mehle und Gewürze mischen und in der Mehlmitte mit der gelösten Hefe und etwas Milch ein Dampfl ansetzen. Ist es aufgegangen, alle Zutaten zu einem Teig verrühren und diesen gut durchkneten. Dies geschieht besser mit einer Küchenmaschine oder einem Mixer, da der Teig sehr weich ist. Dann läßt man ihn an einem warmen Ort aufgehen und knetet ihn nochmals gut durch. Dabei fügt man so viel Mehl bei, bis der Teig formbar ist. Davon teilt man 16 Teile und schleift diese unter festem Druck zu Laibchen. Mit dem Teigschluß auf ein befettetes Blech gelegt, schneidet man sie kreuzweise ein und läßt sie zugedeckt in der Wärme nochmals aufgehen. Mit kaltem Wasser bepinseln, bei 220° im vorgeheizten Rohr backen. Wasser einstellen.  ▷

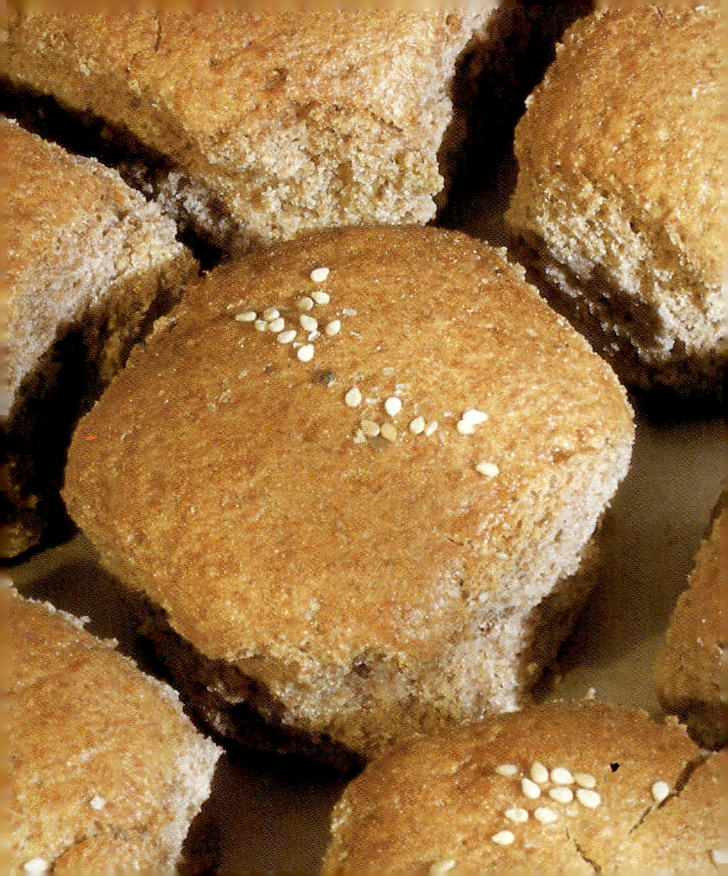

# Weizenbrote

## Weizenhausbrot

*500 g feiner Weizenschrot, 500 g Weizenbrotmehl, 20 g Salz, 1 EL gemahlener Kümmel, 50 g Preßhefe, 1 TL Zucker, ¼ l Milch und ⅜ l Wasser*

Weizenschrot, Salz und Kümmel mischen und mit dem kalten Wasser zu einem weichen Teig verrühren; mit dem Weizenbrotmehl abdecken und dieses Quellstück so lange ziehen lassen, bis sich im Abdeckmehl leichte Rinnen bilden. Die in kaltem Wasser aufgelöste Hefe und lauwarme Milch dazumischen und alles zu einem Teig verarbeiten, der gut geknetet werden muß. Zugedeckt den Teig an einem warmen Ort aufgehen lassen und ihn nochmals mit wenig Mehlbeigabe durchkneten, bis alle Gärgase entwichen sind. Dann teilt man den Teig in zwei Teile und formt daraus entweder Laibe oder

Wecken. Diese setzt man mit dem Teigschluß nach unten auf ein befettetes Blech und läßt sie abermals 10–15 Min. gehen. Man bestreicht sie anschließend mit kaltem Wasser, sticht mit einer Fleischgabel mehrmals ein und schiebt sie auf der untersten Schiene ins Rohr, das auf 240° vorgeheizt ist. Nach 15 Min. wird auf 200° zurückgeschaltet und das Brot bei fallender Temperatur fertiggebacken. Auf das Einstellen eines Wassergefäßes darf nicht vergessen werden.

## *Joghurtbrot*

*700 g Weizenbrotmehl, 300 g feiner Weizenschrot, 20 g Salz, 4 EL Wasser, 90 g Öl, ¾ l Joghurt, 1 EL Zucker, 40 g Preßhefe, 1 EL gemahlener Anis*

Mehle und Gewürze in der Backschüssel mischen und die in wenig kaltem Wasser aufgelöste Hefe dazugeben. Wasser, Öl, Joghurt und Zucker unter ständigem Rühren leicht erwärmen und mit dem Mehl zu einem Teig verrühren. Den Teig gut durchkneten und abgedeckt an einem warmen Ort aufgehen lassen. Den Teig nochmals durchkneten, Laibe oder Wecken formen und diese mit dem Teigschluß nach unten auf ein befettetes Blech legen. Nach nochmaligem kurzen Gehen mit kaltem Wasser bepinseln, mit einer Gabel mehrmals einstechen und auf der untersten Schiene einschieben. Im vorgeheizten Rohr erst bei 220° und nach 20 Min. bei 200° fertigbacken.

## Feines Leinsamenbrot

*200 g Weizenbrotmehl, 300 g Weizenvollmehl, 100 g Leinsamen, 10 g Salz, 30 g Preßhefe, 1 TL Zucker, 2 EL Öl, ¼ l Buttermilch, 1 EL gemahlener Kümmel*

Den Leinsamen mit kochendem Wasser überbrühen und ca. 30 Min. quellen lassen. Mehl, Salz und Gewürze mischen und die Backschüssel an eine warme Stelle zur leichten Erwärmung stellen. In die Mehlmitte eine Grube machen und die aufgelöste Hefe mit etwas Mehl zum Dampfl ansetzen. Die leicht erwärmte Buttermilch mit Öl und Leinsamen zum Vorteig geben, alles zu einem Teig vermischen und diesen gut durchkneten. Mit Mehl bestäubt und zugedeckt an einem warmen Ort aufgehen lassen. Hat sich der Teig verdoppelt, wird er nochmals durchgeknetet und ausgeschlagen, damit die Gärgase entweichen. Die ausgeformten Brote, Laib oder Wecken, mit dem Teigschluß auf ein befettetes Blech legen, mit kaltem Wasser bestreichen und mit einer Fleischgabel mehrmals einstechen. Dann auf der untersten Schiene in das kalte Rohr einschieben und bei 200° ca. 1 St. backen.

## Grahambrot

*400 g Weizenbrotmehl, 200 g Grahammehl, 11 g Salz, ⅛ l Buttermilch, 3 EL Öl, 3 g Preßhefe, 1 TL Zucker, 1 TL Anis, 2 EL Wasser*

Mehl und Gewürze in der Backschüssel vermengen, die Hefe in wenig kaltem Wasser auflösen; Wasser,

Öl und Buttermilch mischen und mit dem Mehl zu einem Teig verrühren. Da der Teig klebrig ist, knetet man besser mit einem Rührgerät. Den Teig zugedeckt an einem warmen Ort aufgehen lassen. Zum nochmaligen Durchkneten braucht man zusätzlich etwas Streumehl. Gut geknetet, formt man einen Laib oder Wecken, setzt ihn auf das befettete Blech und läßt ihn nochmals kurz gehen. Dann wird das Gebäck mit kaltem Wasser bepinselt, mehrmals eingestochen und in das vorgeheizte Rohr geschoben. Nach 20 Min. wird die Temperatur von 220° auf 200° gesenkt und das Brot damit ausgebacken.

## Sonnenblumenkernebrot

*900 g Weizenvollmehl, 350 g Weizenmehl, 120 g Sonnenblumenkerne, 25 g Salz, ca. $^{8}/_{10}$ l Wasser, 40 g Hefe*

Die Hefe mit wenig von dem kalten Wasser in der Backschüssel auflösen, das restliche Wasser, dann das Salz dazugeben und sofort das Vollmehl, die Kerne und zuletzt das Weizenmehl einrühren. Den Teig händisch 15 Min. oder 10 Min. mit einem Rührgerät kneten und anschließend zugedeckt sehr warm 20 Min. rasten lassen. Jetzt wird der Teig nochmals gut durchgeknetet und zwei Laibe oder Wecken geformt. Diese aufs befettete Blech setzen und nochmals kurz ca. 5 Min. gehen lassen, kalt abpinseln, einstechen und im vorgeheizten Rohr auf der untersten Schiene bei 250° ins vorgeheizte Rohr einschieben. Das Brot 20 Min. bei dieser Temperatur und weitere 40 Min. bei 180° fertigbacken. Ein Gefäß mit Wasser einschieben.

▷

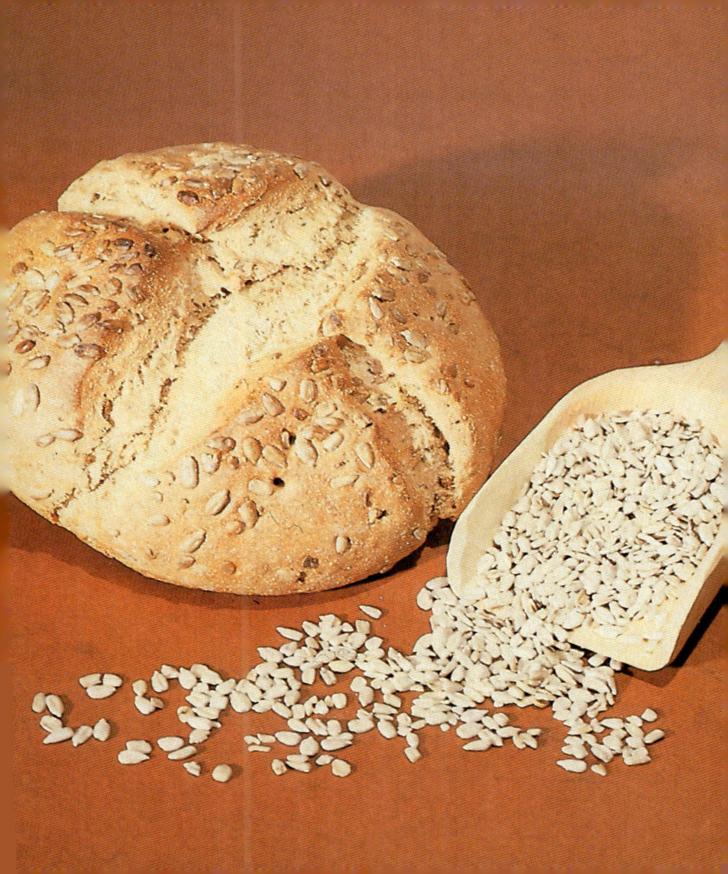

## Feines Rosinenbrot

*300 g Weizenvollmehl, 200 g Weizenmehl, 20 g Hefe, 1 Prise Salz, 1 TL Zucker, 5 EL Honig, 1 Ei, 50 g Butter, gut ⅛ l Milch, 200 g Rosinen, Schale von ½ ungespritzten Zitrone, 1 TL Anis*

Mehle und Gewürze mischen und in die Backschüssel geben. In der Mitte des Mehles die in etwas kaltem Wasser aufgelöste Hefe mit Zucker und wenig Mehl zum Dampfl ansetzen, die Butter flockenförmig um das Mehl legen. Honig und Ei mit der Milch versprudeln und alle Zutaten zu einem Teig verrühren. Den Teig gut verkneten, zudecken und an einem warmen Ort aufgehen lassen. Ihn nochmals durchkneten, daraus einen Stollen oder Laib formen und auf das befettete Backblech setzen. Das Gebäck abermals kurz gehen lassen und mit verquirltem Eigelb bestreichen. Im vorgeheizten Rohr wird das Brot bei 200° ca. 50 Min. gebakken.

## Dinkelbrot

*300 g Dinkelvollmehl, 100 g Weizenmehl, 100 g Sojaschrot, 10 g Salz, 2 EL Sonnenblumenöl, ⅜ l Wasser oder Milch, 20 g Hefe, 1 EL Anis*

Vollmehl, Salz und gemahlenen Anis vermengen und mit so viel Flüssigkeit mischen, daß es einen weichen Brei ergibt; mit dem restlichen Mehl abdecken. Wenn das Vollmehl gequollen ist, die aufgelöste Hefe, den Sojaschrot, Öl und die restliche Flüssigkeit mit dem Ansatz zu Teig verkneten und zugedeckt warm rasten lassen. Nochmals gut durchkneten, Laib oder Wecken formen und mit dem Teigschluß nach unten aufs Blech setzen. Gehen lassen, einstechen und bei 220° und nach 20 Min. bei 200° fertigbacken.

## Feines Müslibrot

*1250 g Weizenvollmehl, 200 g Nußkerne, 150 g Rosinen, 80 g Hefe, 25 g Salz, 1 TL Zimt, 600 g Wasser, 250 g Milch, 50 g Butter*

Die Hefe in der Backschüssel mit wenig kaltem Wasser breiig rühren, dann die gesamte Flüssigkeitsmenge, Gewürze, Salz und ein Drittel der Mehlmenge einrühren; Kerne und Rosinen einarbeiten. Den Teig entweder 15 Min. von Hand oder 10 Min. mit der Rührmaschine kneten. Wenn nötig, noch etwas Streumehl zusetzen. Den abgedeckten Teig an einem warmen Ort 20 Min. ruhen lassen. Den Teig nochmals unter Druck gut durchwirken und nach Wunsch zwei Laibe oder Wecken formen. Diese setzt man auf das befettete Blech und läßt sie zugedeckt nochmals 5 Min. gehen. Sie dürfen nicht zu reißen beginnen. Das Brot wird auf der untersten Schiene im auf 250° vorgeheizten Rohr eingeschoben. Nach 20 Min. wird auf 190° zurückgeschaltet und fertiggebacken. ▷

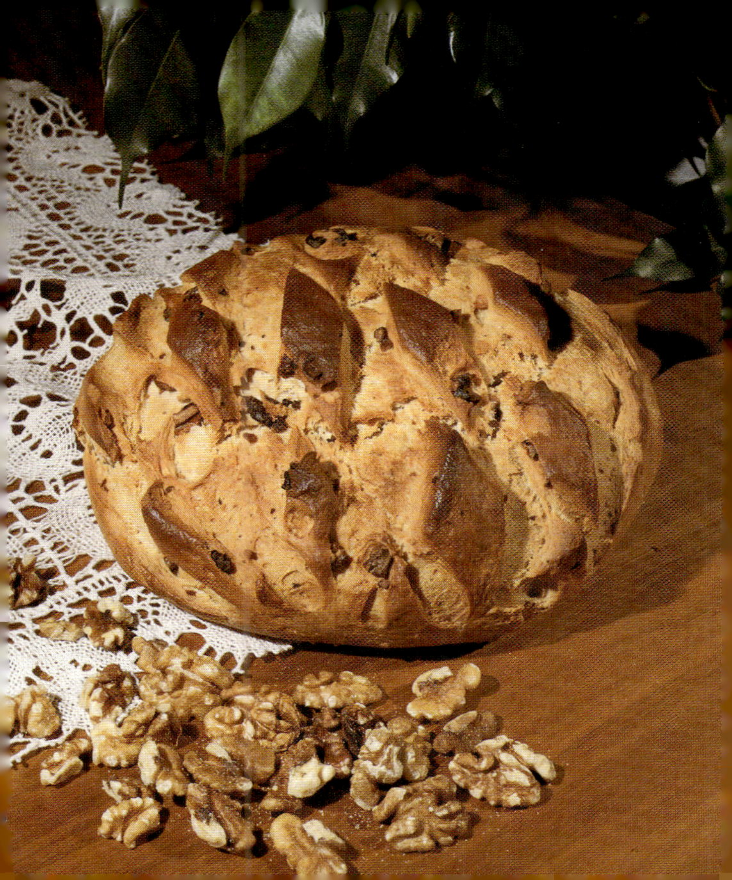

## *Weizenschrotbrot*

*400 g Weizenschrot, 300 g Weizenvollmehl, 300 g Weizenmehl, 20 g Salz, ⅝ l Buttermilch, 1 EL Anis, 30 g Hefe*

Weizenschrot, Vollmehl und Gewürze mit so viel Buttermilch mischen, daß es einen weichen Brei ergibt. Mit dem Weizenmehl abdecken und so lange quellen lassen, bis sich im Mehl feine Risse bilden. Die Hefe in wenig Wasser auflösen und mit der restlichen Buttermilch zum Ansatz geben und alles zu einem Teig verrühren. Diesen so lange kneten, bis er bindig ist und sich gut von den Händen löst. Dann zugedeckt an einem warmen Ort gehen lassen. Den Teig nochmals gut durchkneten, bis die Gärgase entwichen sind, und daraus einen Wecken formen. Den Wecken mit dem Teigschluß nach unten auf ein befettetes Blech legen, kalt abpinseln, mit Schrot bestreuen und mit einem Messer 3–4mal schräg einschneiden. Das Brot im vorgeheizten Rohr 20 Min. bei 220° an- und bei 200° fertigbacken.

## Freigeschobenes Weizenbrot

*1000 g Weizenmehl, 20 g Salz, 30 g Hefe, 2 EL Anis, ¼ l Milch, ¼ l Wasser, 1 EL zerlassene Butter*

Mehl, Salz und Gewürze trocken mischen, in die Backschüssel geben und in einer Grube in der Mehlmitte die aufgelöste Hefe mit wenig lauwarmer Milch anrühren. Den Ansatz mit der restlichen lauwarmen Flüssigkeit und der zerlassenen Butter zu einem Teig verrühren und diesen sehr gut kneten. Den Teig zugedeckt an einem warmen Ort gehen lassen, bis er sich verdoppelt hat. Nochmals mit Druck gut durchkneten, 2 Wecken formen und diese, in ein bemehltes Tuch locker eingeschlagen, nochmals kurz gehen lassen. Nun auf ein befettetes Blech legen, mehrmals schräg einschneiden, mit zerlassenem Fett bestreichen und im vorgeheizten Rohr 20 Min. bei 220° und dann bei 190° fertigbakken.

## Plattenbrot

*400 g Weizenvollkornmehl, 100 g Weizenbrotmehl, 10 g Salz, 30 g Hefe, 300 g kaltes Wasser, 50 g zerlassene Butter, zum Bestreuen Mohn oder leicht gerösteten Sesam*

Die Hefe mit etwas Wasser breiig rühren, das restliche Wasser zugeben, Mehl und die feingeflockte Butter einrühren. Mit Rührmaschine oder Mixer den Teig 10 Min. kneten; so bleibt der Teig weicher und das Gebäck wird saftiger. Nun folgt zugedeckt 10 Min. Teigruhe. Den Teig nochmals gut durchkneten, damit alle Gärgase entweichen. Den Teig ausrollen, auf ein befettetes Blech legen und mit Wasser bestreichen. Man radelt den Teig in Quadrate, Rhomben aus – wobei eine viermalige Längs- und sechsmalige Querteilung günstig ist –, bepinselt und bestreut mit dem gewünschten Samen, wobei man wie angeführt auch verschiedene Samen, aber jeweils nur einen Samen für 1 Stück verwenden

▷

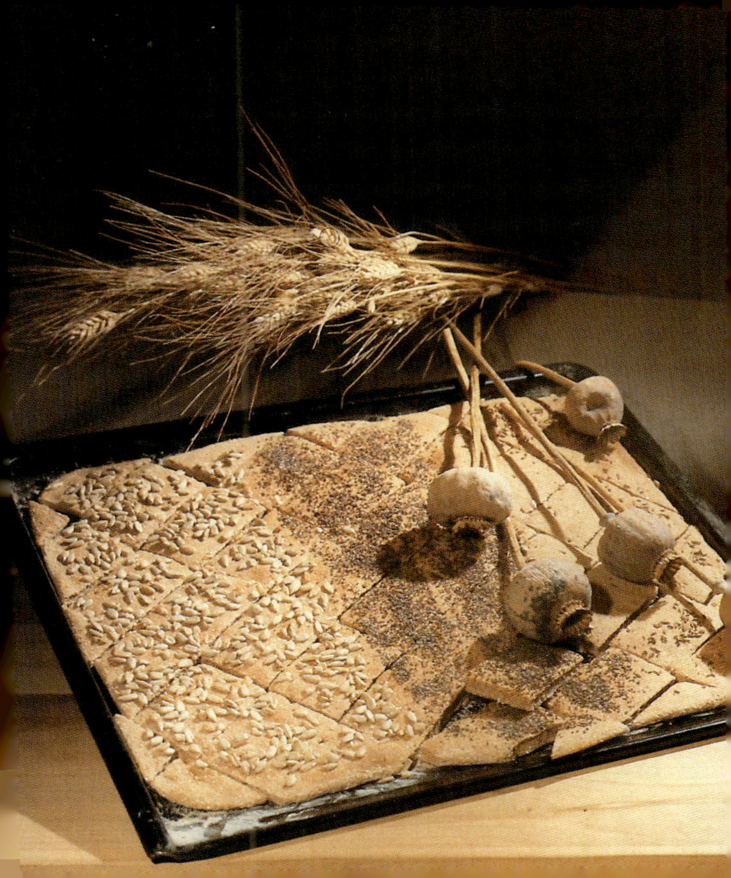

kann; mit einem Nudelroller wird der Samen leicht angedrückt. Das Blech auf der Mittelschiene in das auf 250° vorgeheizte Rohr einschieben. Ein Wassergefäß mit kochendem Wasser beistellen. Backzeit 10–12 Min. Nach dem Backen sofort vom Blech nehmen.

## Luchchi – feine Weizenfladen

*1 Schale Steinmetzmehl, ca. ½ Schale Wasser, ca. ½ TL Salz (probieren), 20 g zerronnene Butter, Fett zum Ausbacken*

Das Mehl in eine Schüssel sieben, salzen und mit der Butter ca. 5 Min. zwischen den Fingern verreiben. Dann mit so viel warmem Wasser vermengen, daß ein formbarer Teig entsteht. Diesen 15 Min. gut durchkneten, in vier Teile teilen und diese dünn ausrollen. Die Fladen in heißem Fett herausbraten. Am besten heiß eingerollt zu Salat oder Milch essen.

## Kräuterbrot

*500 g Weizenvollmehl, 250 g Weizenmehl, 250 g Topfen, 20 g Salz, ca. ⅜ l Wasser, ⅛ l Süßrahm, 60 g Butter, 40 g Hefe, 100 g feingehackte Kräuter (wie Dill, Petersilie, Schnittlauch, Basilikum), 2 Knoblauchzehen*

Die Hefe mit wenig Wasser breiig rühren, das restliche Wasser und Salz dazugeben und das Mehl unterziehen. Den Butter-Topfen-Süßrahm-Kräuterabtrieb damit vermengen und alles zu einem Teig mischen. Diesen gut durchkneten und an einem warmen Ort zugedeckt 40 Min. rasten lassen. Nochmals mit festem Druck gut durchgewirkt, formt man daraus zwei Striezel und setzt sie auf ein befettetes Blech. Nach nochmaliger 40minütiger Gehzeit schneidet man die Wecken schräg 3–4mal ein und bepinselt sie mit kaltem Wasser. Man schiebt sie auf unterster Stufe in das auf 240° vorgeheizte Rohr. Nach ca. 20 Min. auf 180° zurückschalten. Das Einstellen eines Gefäßes mit kochendem Wasser nicht vergessen.

## Parati – indische Fladen

*300 g Weizenvollmehl, ca. ½ TL Salz, je ½ TL Kümmel und Koriander, 120 g Milch, 120 g Wasser, 100 g Butter zum Bestreichen, gerösteter Sesam zum Bestreuen*

Mehl, Salz und gemahlene Gewürze mischen und mit der Flüssigkeit einen sehr festen und gut durchgekneteten Brotteig herstellen. Diesen zugedeckt mindestens 2 St. kühl rasten lassen; nochmals gut durchkneten und kleine walnußgroße Kugeln formen. Diese rund und dünn auswalken, mit zerlassener Butter bestreichen, mit Sesam bestreuen und halbrund zusammenklappen. Nochmals bestreichen, bestreuen und zusammenklappen und mit dem Nudelroller etwas andrücken. Die Parati im vorgeheizten Rohr bei 220° ca. 10 Min. backen. Warm gegessen schmecken sie am besten.

▷

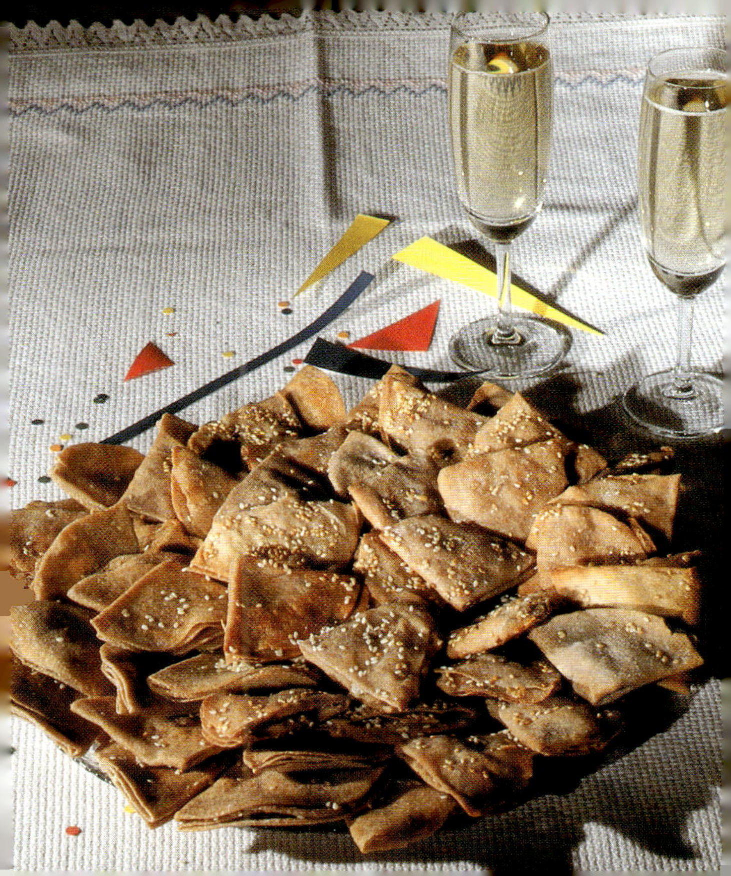

## Baguette

*500 g Weizenvollmehl, 150 g Weizenmehl, 15 g Salz, 40 g Hefe, ⅜ l Wasser, 1 TL gemahlener Anis*

Die Hefe mit etwas kaltem Wasser zu einem Brei verrühren, das restliche Wasser, Gewürze und Salz dazugeben. Nach und nach das Mehl einrühren und den Teig 15 Min. gut durchkneten. An einem warmen Ort aufgehen lassen, bis er sich verdoppelt hat; nochmals gut durchkneten und in drei Teile teilen. Aus jedem Teil eine blechlange, dünne Rolle formen und zugedeckt auf dem bemehlten Brett nochmals ca. 15 Min. gehen lassen. Die Stangen mit dem Schluß nach unten auf das befettete Blech setzen, mit kaltem Wasser bestreichen und evtl. mit Sesam bestreuen. 1–5mal mit dem Messer schräg einschneiden. Bei 220° auf der mittleren Schiene backen.

## Würzige Zwiebelfladen

*500 g Weizenvollmehl, 10 g Salz, ca. ¼ l Buttermilch, 25 g Hefe, 250 g Zwiebeln, 1 Knoblauchzehe, 20 g Butter, Salz, Pfeffer*

Zwiebel und Knoblauch fein schneiden, in der Butter glasig rösten, mit Salz und Pfeffer würzen. Die Hefe mit wenig kaltem Wasser auflösen, mit Buttermilch, Salz und Mehl zu einem Teig vermischen; Zwiebel und Knoblauch unterrühren. Den Teig kneten und zugedeckt 40 Min. gehen lassen. Den Teig unter Druck nochmals gut durchkneten, in sechs Teile teilen und diese zu ungefähr 1 cm runden Fladen ausrollen. Man legt sie auf ein befettetes Blech und schneidet sie mit einer Schere rundum einige Male 2 cm tief ein. Die Gebäcke zugedeckt nochmals 15 Min. gehen lassen. Im vorgeheizten Rohr bei 220° auf der mittleren Schiene einschieben. Die Backzeit beträgt ca. 25 Min.

## Dinkelfladen

*250 g feinst gemahlener Dinkel, ½ TL Salz, 1 TL gemahlener Kümmel, 1 Msp Chilipulver, ⅛ l lauwarmes Wasser*

Mehl und Gewürze in einer Schüssel mischen, das Wasser langsam dazugeben und den Teig 10 Min. gut durchkneten. Den Teig in Alufolie eingewickelt rasten lassen. Nach 30 Min. den Teig nochmals gut durchkneten und in 10 Teile teilen. Diese zu dünnen Fladen in etwa Backpfannengröße austreiben und in wenig Fett in einer Pfanne bei Mittelhitze mehr trocknen als backen. Bekommen die Fladen Blasen, dann wenden. Sie munden warm und kalt, besonders wenn sie leicht mit Butter bestrichen werden.

## Feines Dinkelbrot

*300 g feinst gemahlenes Dinkelmehl, 200 g Dinkelschrot, 10 g Salz, 20 g Hefe, ½ l Wasser*

Den Schrot mit etwas Wasser zu einem Brei anrühren und mit dem Mehl abdecken. Wenn das Mehl feine Risse zeigt, die gelöste Hefe, das Salz und restliche kalte Wasser dazumischen. Den Teig händisch 15 Min. oder mit Maschine 10 Min. gut durchkneten; bei Bedarf etwas Streumehl zufügen. Den Teig zugedeckt an einem warmen Ort ca. 1½ St. aufgehen lassen. Nochmals gut durchkneten, in eine befettete Kastenform füllen und weitere 30 Min. gehen lassen. Dann bäckt man das Brot ca. 1 St. im vorgeheizten Rohr bei 230° und fallender Temperatur.

# Roggenbrote

## Einfaches Roggenbrot

*750 g Roggenmehl, 10 g Hefe, 100 g Sauerteig, 15 g Salz, 1 EL gemahlener Kümmel, 1 TL gemahlener Fenchel, ca. 500 g Wasser*

Den Sauerteig mit etwas warmem Wasser auflösen und verrühren und so viel Mehl einrühren, daß der Ansatz wie eine dickcremige Suppe ist. Mehl, Salz und Gewürze vermischen und in die Backschüssel geben. In die Mehlmitte eine Grube machen und den Sauerteigansatz eindampfeln. Ist der Sauerteig aufgegangen, die mit etwas Wasser gelöste Hefe dazugeben und Mehl, das 35grädige Gußwasser und die Treibmittel zu einem Teig verarbeiten, der gut geknetet werden muß. Den Teig zugedeckt an einem warmen Ort 20 Min. gehen lassen, nochmals fest durchkneten und einen Laib formen. Besitzt man ein strohgeflochtenes Brotkörberl, mehlt man dieses gut aus und setzt den Laib mit dem Teigschluß nach oben hinein. Zugedeckt nochmals 50 Min. gehen. Dann kippt man den Laib mit der bemehlten Seite nach oben auf ein befettetes Blech, schneidet den Laib 2–3mal schräg ein und bäckt ihn bei 250° im vorgeheizten Rohr.

## Würziges Bauernbrot

*1000 g Roggenmehl, 20 g Salz, 250 g Sauerteig, 5 g Hefe, ½ l 35grädiges Wasser, 1 EL Fenchel gemahlen, 1 EL Kümmel, etwas Mohn zum Bestreuen*

Am Vorabend den Sauerteig mit ¼ l Wasser und etwas Mehl anrühren und an einem warmen Ort zugedeckt gehen lassen. Am Morgen Mehl, Gewürze und Salz mischen, die in wenig Wasser aufgelöste Hefe und das Dampfl dazugeben. Nun das restliche Wasser einrühren und den Teig gut durchkneten.

*Einfaches Roggenbrot* ▷

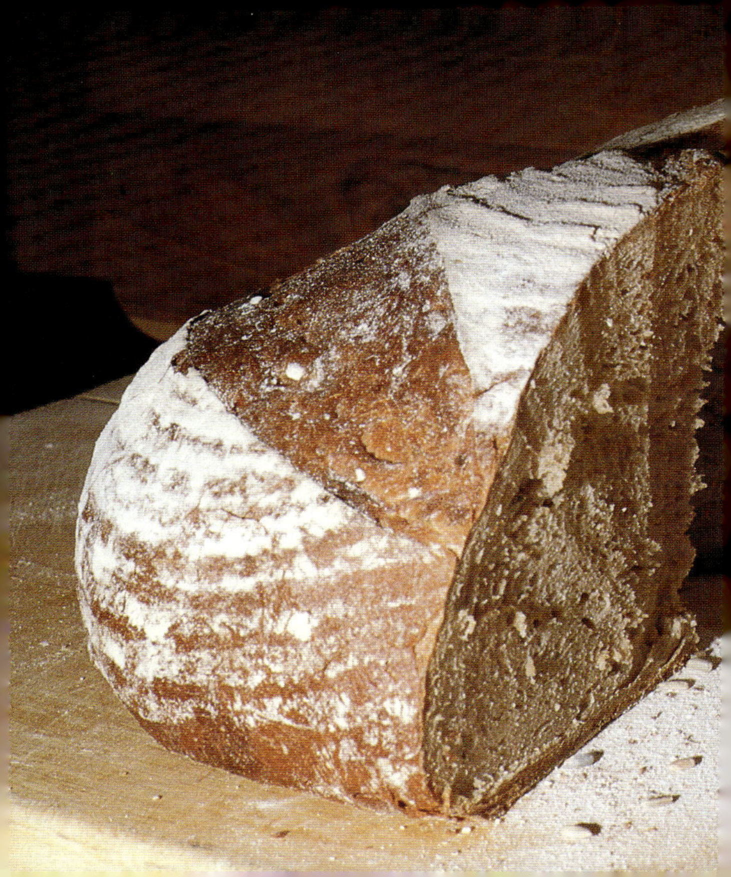

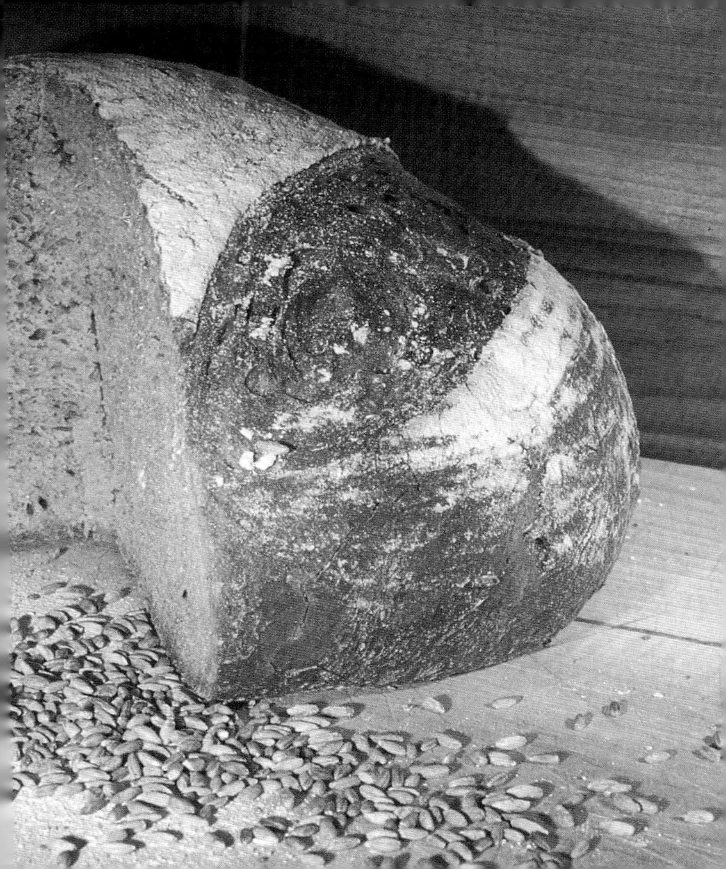

Zugedeckt 1–2 St. an einem warmen Ort gehen lassen. Nochmals durchkneten, einen Laib formen und auf ein befettetes Blech setzen. Nach nochmaligem 20minütigem Rasten bei 250° im vorgeheizten Rohr backen, sinkende Temperatur nicht vergessen.

## Gebrühtes Roggenbrot

*1 kg Roggenmehl, ca. ½ l kochendes Wasser (knapp), 20 g Salz, 5 g Hefe, 50 g Sauerteig, 1 EL Brotgewürz (fertig zu kaufen)*

Das Mehl in die Backschüssel geben, in die Mitte eine Grube machen und das kochende Wasser eingießen. Von der Mitte ausgehend, Wasser und Mehl zu Brei rühren, wobei rundum ein Mehlrand bleibt. Unter öfterem Umrühren den Brei auskühlen lassen, bis er gut lauwarm ist. Den im lauwarmen Wasser aufgelösten Sauerteig in den Brei einrühren, mit etwas Mehl bestäuben und den Teig zugedeckt über Nacht gehen lassen. Am nächsten Morgen die aufgelöste Hefe, Gewürz und Salz beifügen und den

Teig gut durchkneten, bis er geschmeidig ist. Nach einer einstündigen Gehzeit nochmals kneten, einen Wecken oder Laib formen, auf das befettete Blech setzen und wieder ca. 15 Min. gehen lassen. Das Gebäck mit kaltem Wasser bepinseln, mit einer Fleischgabel mehrmals einstechen und ins vorgeheizte Rohr schieben. Dabei gießt man etwas Wasser auf den Boden, damit ein heißer Dampf entsteht und das Brot eine glatte Oberfläche bekommt und gut aufgeht. Nach 20 Min. schaltet man von 250° auf 200° zurück. Backzeit ca. 1 St.

## *Molke-Roggenbrot*

*400 g Roggenvollkornmehl, 600 g Roggenmehl, 20 g Salz, 60 g Sauerteig, 20 g Hefe, 1 EL Kümmel und 1 EL Koriander gemahlen, ca. 650 g Molke*

Das Vollmehl mit so viel Molke anrühren, daß ein weicher Brei entsteht, und mit dem Brotmehl abdecken. Den Sauerteig in warmem Wasser auflösen und mit Mehl zu einer dünncremigen Masse verrühren. Zugedeckt mehrere St. rasten lassen. Die in wenig Wasser aufgelöste Hefe, Salz und Gewürze zum Mehl geben und alle Zutaten mit der Molke zu einem Teil verrühren. Diesen gut durchkneten und zwei Laibe formen. Diese auf dem befetteten Blech wieder kurz gehen lassen, mit kaltem Wasser bepinseln, mit etwas Mehl bestäuben, schräg einschneiden und ins vorgeheizte Rohr schieben. 20 Min. bei 250° und bei 200° fertigbacken.

## Kümmelbrot

*1000 g Roggenmehl, 100 g Sauerteig, 10 g Hefe, 20 g Salz, 1 EL gemahlener Kümmel und ganzer Kümmel zum Bestreuen, gut ½ l 35grädiges Wasser*

Sauerteig in ca. ¼ l vom Wasser anrühren und etwas Mehl dazugeben, damit ein dünncremiger Teig entsteht. Über Nacht stehenlassen. Das Mehl mit Salz und Kümmel in der Backschüssel mischen, den Sauerteig und die mit kaltem Wasser aufgelöste

Hefe sowie das restliche Wasser verrühren. Dann den Teig gut kneten und zugedeckt an einem sehr warmen Platz 2 St. gehen lassen. Den Teig nochmals gut durchkneten, zu einem Wecken formen und auf einem befetteten Blech wiederum zugedeckt 2 St. gehen lassen. Dann mit Milch bepinseln, mit Kümmel bestreuen und bei 225° ca. 80 Min. backen.

## *Herzhaftes Roggenschrotbrot*

*200 g Roggenmehl, 500 g feiner Roggenschrot, 300 g grober Roggenschrot, 20 g Salz, 100 g Sauerteig, 30 g Hefe, 150 g kochendes Wasser, ca. ½ 35grädiges Wasser*

Den groben Schrot mit dem kochenden Wasser verrühren und zugedeckt quellen lassen, mindestens 1 St. Den Sauerteig mit einem Teil des Wassers auflösen, etwas Mehl dazu und ebenfalls gären lassen. Dann den feinen Schrot und das Mehl mischen, salzen, die aufgelöste Hefe und das restliche Wasser dazumengen. Sauerteig und gequollenen Schrot einarbeiten und den Teig so lange kneten, bis er sich von der Schüssel löst. Zugedeckt an einem warmen Ort gehen lassen, bis er sich um die Hälfte verdoppelt hat. Den Teig nochmals gut durchkneten und am besten in einem gut bemehlten Brotkorb gehen lassen. Wenn man vorher ein Tuch einlegt, läßt sich das Brot leichter herausstürzen. Den Laib auf ein befettetes Blech stürzen und im vorgeheizten Rohr bei 210° langsam bis 1½ St. backen. Beim Herausnehmen leicht mit Wasser abpinseln.

## *Kümmelkranz*

*500 g Roggenmehl, 10 g Salz, ¼ l Milch, 60 g Butter oder Öl, 100 g Sauerteig, 10 g Hefe, 1 TL Zucker*

Den Sauerteig mit etwas lauwarmer Milch auflösen, den Zucker und wenig Mehl dazu und 1 St.

gären lassen. Mehl und Salz mischen, die aufgelöste Hefe, das zerlassene Fett, Sauerteig und restliche Milch beifügen und zu einem Teig verrühren. Diesen gut durchkneten und gehen lassen. Wenn er sich mehr als um die Hälfte vermehrt hat, wieder durchkneten und in zwei Teile teilen. Diese zu Rollen formen und spiralförmig verschlingen. Den Kranz auf ein befettetes Blech legen und zugedeckt nochmals gehen lassen. Dann mit zerklopftem Ei bestreichen, mit Kümmel bestreuen und im vorgeheizten Rohr 20 Min. bei 220° und dann bei 200° fertigbacken. Wassergefäß einstellen.

## *Roggenes Buttermilchbrot*

*1000 g Roggenmehl, 20 g Salz, 150 g Sauerteig, ½ l Buttermilch, 1 EL gemahlener Kümmel, 1 EL gemahlener Koriander*

Den Sauerteig in lauwarmer Buttermilch auflösen und etwas Mehl dazumischen, zugedeckt an einem warmen Ort aufgehen lassen. Das Mehl, die Gewürze und das Salz in einer Schüssel mischen, die mit wenig Wasser aufgelöste Hefe und den Sauerteigansatz untermischen und mit der restlichen auf 35° erwärmten Buttermilch zu einem Teig vermengen. Diesen gut durchkneten, bis er sich von den Fingern löst. Zugedeckt an einem warmen Ort gehen lassen. Abermals gut durchkneten und daraus zwei Laibe formen. Diese mit dem Teigschluß nach oben auf einem bemehlten Tuch zugedeckt gehen lassen. Nach 40–50 Min. umgekehrt auf das befettete Blech legen und mit einer Gabel mehrmals einstechen. Bei 250° ins vorgeheizte Rohr einschieben, wobei man etwas heißes Wasser ins Rohr spritzt. Nach ca. 20 Min. bäckt man bei 200° fertig. Sofort nach der Rohrentnahme wird das Brot mit Butter bepinselt.

# Mischbrote

## Hausbrot

*700 g Weizenbrotmehl, 300 g Roggenmehl, 20 g Salz, 30 g Hefe, 150 g Sauerteig, ca. 650–700 g 35grädiges Wasser, 1 EL Kümmel*

Sauerteig, ¼ l Wasser und etwas Mehl zu einem Dampfl anrühren; warmstellen. Mehle, Salz und Gewürze mischen, die mit wenig Wasser aufgelöste Hefe und den aufgegangenen Sauerteig untermengen, mit dem Wasser zu einem Teig verrühren. Diesen so lange kneten, bis er sich von den Händen löst. Den Teig zugedeckt 30 Min. gehen lassen, nochmals gut durchkneten und in eine bemehlte Kastenform legen. Ist das Brot wiederum ca. 40 Min. gegangen, stürzt man es auf ein befettetes Blech und sticht mit einer Gabel in regelmäßigen Abständen mehrmals ein. Bei 230° backen, nach 20 Min. auf 190° zurückschalten. Wassergefäß einstellen.

## Würzige Bierbrotstangen

*700 g Roggenmehl, 300 g Weizenbrotmehl, 20 g Salz, 50 g Hefe, ½ + ⅛ l helles Bier, ½ TL Zucker, 2 EL Kümmel*

Die Mehle, Salz und Kümmel mischen und in der Mehlmitte in einer Grube die mit etwas Wasser aufgelöste Hefe mit wenig Mehl und ½ TL Zucker zu einem Dampfl ansetzen. Wenn es aufgegangen ist, alles mischen und das Bier beifügen. Den Teig gut durchkneten, bis er Blasen wirft und sich von den Fingern löst. Zugedeckt an einem warmen Ort aufgehen lassen, bis sich der Teig verdoppelt hat. Dann nochmals durchkneten, in zwei Teile teilen und daraus zwei ca. 30 cm lange Stangen formen. Diese auf ein befettetes Blech legen, mehrmals schräg einschneiden und zugedeckt abermals 30 Min. gehen lassen. In das auf 200° erhitzte Rohr schieben, etwas heißes Wasser ins Rohr spritzen. Die Stangen sind gebacken, wenn sie hohl klingen. Zugedeckt auf einem Rost auskühlen. ▷

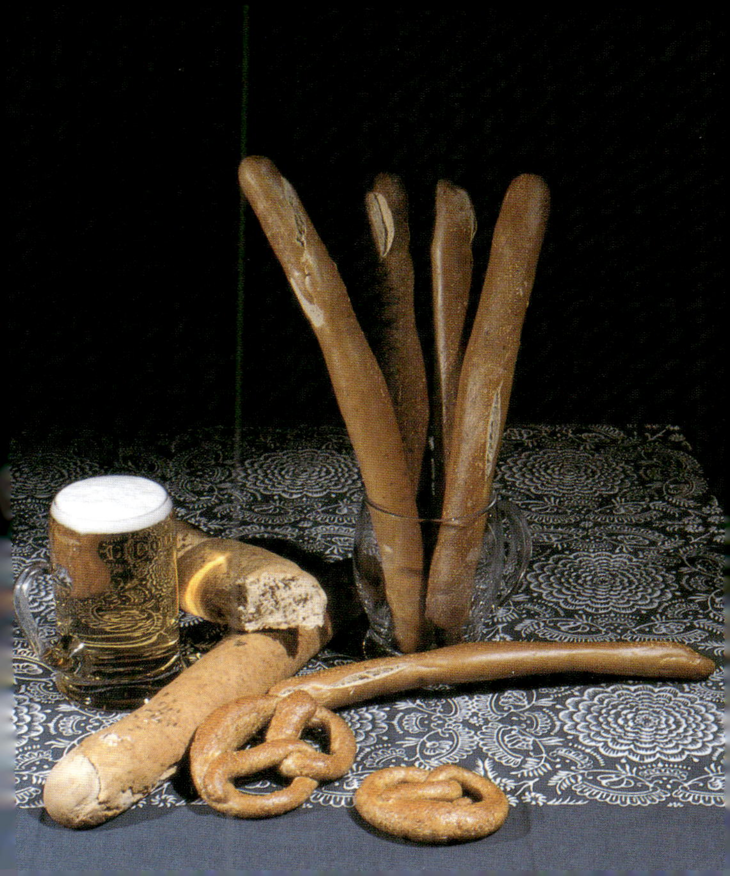

## Feines Gewürzbrot

*250 g Roggenmehl, 250 g Weizenbrotmehl, 100 g Sauerteig, 20 g Hefe, ¼ l 35grädiges Wasser, 10 g Salz, je 2 EL Petersilie, Dill, Schnittlauch, Estragon fein gehackt, je 1 TL Kümmel, Kardamon und getrocknetes Basilikum, 60 g weiche Butter*

Den Sauerteig mit warmem Wasser auflösen und etwas Mehl verrühren; warm stellen. Mehl, Salz, Gewürze und Kräuter vermischen, die aufgelöste Hefe und den aufgegangenen Sauerteig beifügen und mit Wasser und Butter zu einem geschmeidigen Teig kneten. Diesen zugedeckt 40 Min. gehen lassen und wieder gut durchkneten. Daraus einen Wecken formen, auf das befettete Blech legen und zugedeckt nochmals ca. 20 Min. gehen lassen. Den Wecken mit Butter bestreichen und 3–4 schräge Einschnitte machen. Das Brot wird bei 220° ins vorgeheizte Rohr geschoben und bei 200° fertiggebacken.

## Herzhaftes Mischbrot

*500 g Weizenmehl, 200 g Weizenvollmehl, 300 g feiner Roggenschrot, 20 g Salz, 20 g Hefe, 100 g Sauerteig, ⅝ l Wasser, 100 g Sojaschrot*

Sauerteig in ¼ l warmem Wasser auflösen, etwas Mehl dazu und den Ansatz über Nacht stehenlassen. Den Roggenschrot mit kaltem Wasser zu einem weichen Brei anrühren und mit dem restlichen Mehl abdecken. Am Morgen die aufgelöste Hefe, Salz, Sojaschrot, Sauerteig und das restliche warme Wasser dazugeben und alles zu einem Teig mischen. Den Teig gut durchkneten und 2 St. rasten lassen. Nochmals durchkneten, Laib oder Wecken formen und mit dem Schluß nach unten auf ein befettetes Blech setzen. Zugedeckt wiederum 20 Min. gehen lassen, mit kaltem Wasser einpinseln, mit einer Fleischgabel mehrmals einstechen und in das auf 250° vorgeheizte Rohr einschieben. Heißes Wasser in das Rohr spritzen. Nach 20 Min. auf 200° zurückschalten und fertigbacken.

## Leinsamenbrot

*1200 g Weizenschrot, 500 g Roggenmehl, 500 g Weizenbrotmehl, 42 g Salz, 100 g Leinsamen geschrotet, 150 g Sauerteig, 40 g Hefe, je 1 EL Kümmel, Anis, 1 KL Fenchel, ca. 1300 g Wasser*

Den Weizenschrot mit Gewürzen und Salz mischen, mit einem Teil des Wassers (kalt) zu einem weichen Brei anrühren und mit den Mehlen abdecken. Den Sauerteig mit ¼ l 35grädigem Wasser lösen und so viel Mehl beimengen, daß eine dünncremige Masse entsteht. Nach mehrstündigem Rasten die Hefe auflösen, mit dem restlichen Wasser dazugeben und alles zu einem Teig verrühren. Den Teig mindestens 15 Min. gut durchkneten und ca. ½ St. rasten lassen. Nochmals durchkneten, Laibe oder Wecken formen, auf ein befettetes Blech legen und wieder gehen lassen. Das Brot vor dem Einschieben mit Wasser abstreifen, mit Mehl bestäuben und mehrmals längs einschneiden. Im vorgeheizten Rohr bei 230° 20 Min. backen und dann bei 200° fertigbacken; eindampfen.

## Vierkornbrot

*700 g Weizenbrotmehl, 300 g Roggenvollkornmehl, 300 g Hafervollkornmehl, 200 g Gerstenmehl, 30 g Salz, 200 g Sauerteig, 30 g Hefe, je 1 EL Kümmel und Koriander gemahlen, ca. 1 l Wasser*

Vollkornmehle, Gewürze und Salz mischen und mit einem Teil der Wassermenge (kalt) zu weichem Brei verrühren. Diesen mit dem Weizenbrotmehl abdecken. Den Sauerteig mit gut ¼ l 35grädigem Wasser und etwas Mehl ansetzen und zugedeckt rasten lassen. Zeigt das Abdeckmehl leichte Risse, mischt man die aufgelöste Hefe und das restliche Mehl bei und knetet den Teig ca. 15 Min. gut durch. Abgedeckt an einem warmen Ort rasten lassen. Hat sich der Teig verdoppelt, unter Druck nochmals durchkneten und zwei Wecken formen. Diese mit dem Teigschluß nach oben in Haferflocken legen und wiederum 30 Min. gehen lassen. Die Wecken mit dem Schluß nach unten aufs befettete Blech setzen und das Brot bei sinkender Temperatur backen, beginnend mit 230°. Wassergefäß einstellen.

## Haferflockenbrot

*500 g Weizenbrotmehl, 300 g Haferflocken, 100 g Weizenschrot fein, 100 g Sojaschrot, 20 g Salz, 30 g Hefe, 1 EL Brotgewürz (fertig gemischt zu kaufen), ca. 700 g Wasser*

Die Hefe mit schwach lauem Wasser und etwas Mehl zu einem Dampfl ansetzen. Alle Zutaten mischen, die Hefe unterrühren und das kalte Wasser beifügen. Alles zu einem Teig verrühren und 15 Min. gut durchkneten. Den Teig 40 Min. zugedeckt an einem warmen Ort rasten lassen. Den Teig nochmals durchkneten und drücken und daraus 1–2 Laibe formen. Diese auf ein befettetes Blech setzen und wieder ca. 40 Min. gehen lassen. Dann mit kaltem Wasser abpinseln, mit Haferflocken bestreuen, einstechen und in das auf 230° vorgeheizte Rohr einschieben. Wassergefäß einstellen.

## Weizenmischbrot mit Joghurt

*200 g Grahammehl, 100 g Roggenmehl, 300 g Weizenmehl, 11 g Salz, ½ l Joghurt, 3 EL Öl, 3 EL Wasser, 30 g Hefe, 1 TL Zucker, 1 TL Anis*

Mehl und Gewürze mischen, Wasser, Öl und Joghurt unter Rühren erwärmen, die Hefe mit wenig Wasser auflösen. Mehl, Hefe und Flüssigkeit zu einem Teig mischen und diesen gut durchschlagen. Zugedeckt an einem warmen Ort aufgehen lassen. Nochmals unter etwas Mehlzugabe durcharbeiten und kneten und zu einem Laib formen. Im vorgeheizten Rohr bei 220° anbacken und bei 200° fertigbacken.

# Spezialbrote

## Sesambrot

*20 g Hefe, 0,2 l warmes Wasser, 300 g mittelfeines Weizenmehl, 80 g Sesam, ½ TL gemahlener Koriander, 10 g Salz*

Den Sesam ohne Fett leicht rösten und 1 EL davon reservieren. Die Hefe zum Dampfl ansetzen und dann aus allen Zutaten, einschließlich des Sesams, einen Teig mischen und diesen gut durchkneten. An einem warmen Ort aufgehen lassen und nochmals durchkneten. Den Teig in eine befettete Kastenform füllen und ihn wiederum gehen lassen. Vor dem Einschieben mit Dotter bestreichen und mit dem EL Sesam bestreuen. Bei 200° ins vorgeheizte Rohr schieben und 30–40 Min. backen.

▷

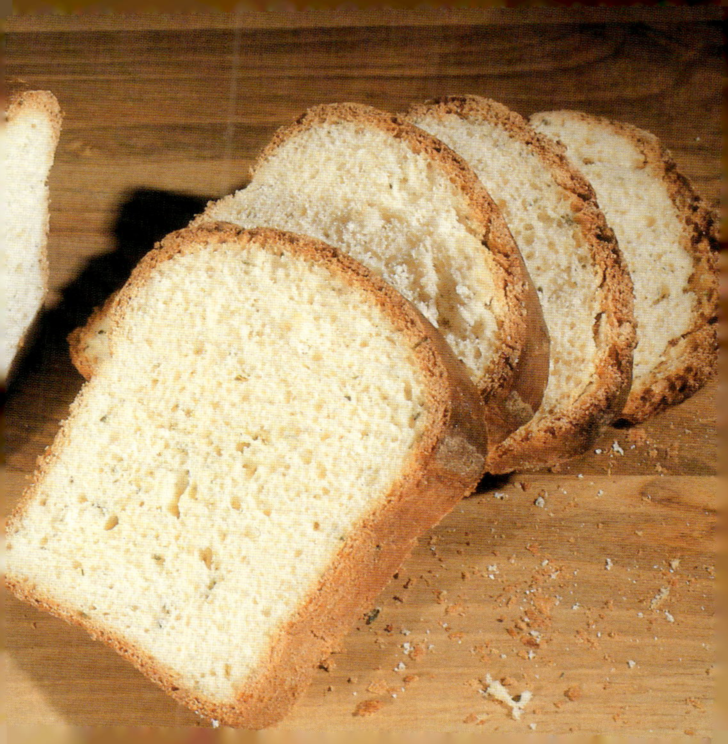

## Zitronen-Apfel-Brot

*500 g Weizenmehl, 20 g Hefe, 30 g Zucker, 10 g Salz, Schale von 1 unbehandelten Zitrone, 1 Becher Creme fraiche, 50 g zerschlichene Butter, ⅛ l lauwarme Milch, 1 mittelgroßer Apfel (Boskop), Saft von ½ Zitrone, 2 EL feingehackte Zitronenmelisse, Sesam zum Bestreuen*

Mehl und Salz mischen, die Hefe zum Dampfl ansetzen. Den geschälten Apfel grobnudelig reiben, mit Zitronensaft beträufeln. In der lauwarmen Milch den Zucker auflösen, die Creme fraiche verrühren und alle Zutaten zu einem Teig vermischen. Diesen gut durchkneten und an einem warmen Ort gehen lassen. Nochmals durchkneten, in zwei Teile teilen und Laibe oder Wecken formen. Diese zugedeckt ein weiteres Mal gehen lassen, mit Milch bestreichen, mit Sesam bestreuen. Im vorgeheizten Rohr bei 200° backen.

## Karotten-Mandel-Brot

*20 g Hefe, 0,1 l 35grädiges Wasser, 400 g Weizenvollkornmehl, 100 g Weizenmehl, 3 EL Weizenvollkornflocken, 100 g gemahlene Mandeln, 10 g Salz, 3 EL Honig, 100 g zerschlichene Butter, 1 Ei, 300 g geriebene Karotten, Saft von ½ Zitrone, 150 g Sultaninen, 40 g Mandelblättchen*

Die Hefe zum Dampfl ansetzen, im Wasser Honig und Salz lösen. Dann alle Zutaten zu einem Teig mischen und diesen gut kneten. Zugedeckt an einem warmen Ort aufgehen lassen. Nochmals durchkneten und den Teig in befettete, mit den Mandelblättchen ausgestreute Kastenformen füllen, mit Sauerrahm bestreichen und im vorgeheizten Rohr bei 220° backen.

## Maisbrot

*200 g Maismehl, 130 ml Wasser, 1 EL Öl, 1 Dotter, ½ TL Salz, 100 g reifer Gouda*

Alle Zutaten zu einem geschmeidigen Teig verkneten und in vier Teile teilen. Aus jedem Teil eine Kugel formen und zu einem flachen Fladen drücken. Diese auf ein befettetes Blech legen, mit dem geriebenen Gouda bestreuen und im vorgeheizten Rohr 15–20 Min. bei 200° backen. Dieses Brot muß bald gegessen werden.

## Haferbrot

*Je ein kleiner Bund Schnittlauch, Petersilie, Dill fein gehackt, 400 g Weizenmehl, 120 g kernige Haferflocken, 10 g Salz, 20 g Hefe, ca. ¼ l Wasser oder Molke*

Dampfl ansetzen, Mehl, Haferflocken und Gewürze mischen. Das Dampfl und die 35grädige Flüssigkeit einrühren und den Teig gut durchkneten. An einem warmen Ort gehen lassen, bis er sich verdoppelt hat. Daraus nach nochmaligem Durchkneten zwei Stangen formen, auf das befettete Blech legen, schräg einschneiden und sie wieder ca. 20 Min. gehen lassen. Mit Milch bestreichen. Im vorgeheizten Rohr bei 250° ca. 30–40 Min. backen.

## Kletzenbrot oder Zelten

*1000 g Brotteig-, Weizen- oder Mischbrot, 500 g getrocknete Birnen, 750 g getrocknete Zwetschken, 300 g Rosinen, 250 g Feigen, 250 g Nüsse, 100 g Pignoli, ⅛ l Rum, 200 g Zucker, 1 KL Nelkenpulver und 1 KL Zimt (oder 1 EL Zeltengewürz)*

Die Rosinen über Nacht mit dem Rum einweichen, die Zwetschken ebenfalls mit Wasser einweichen und mit den weichgekochten Birnen faschieren. Die Nüsse und Feigen schneiden und alle Geschmacks-

▷

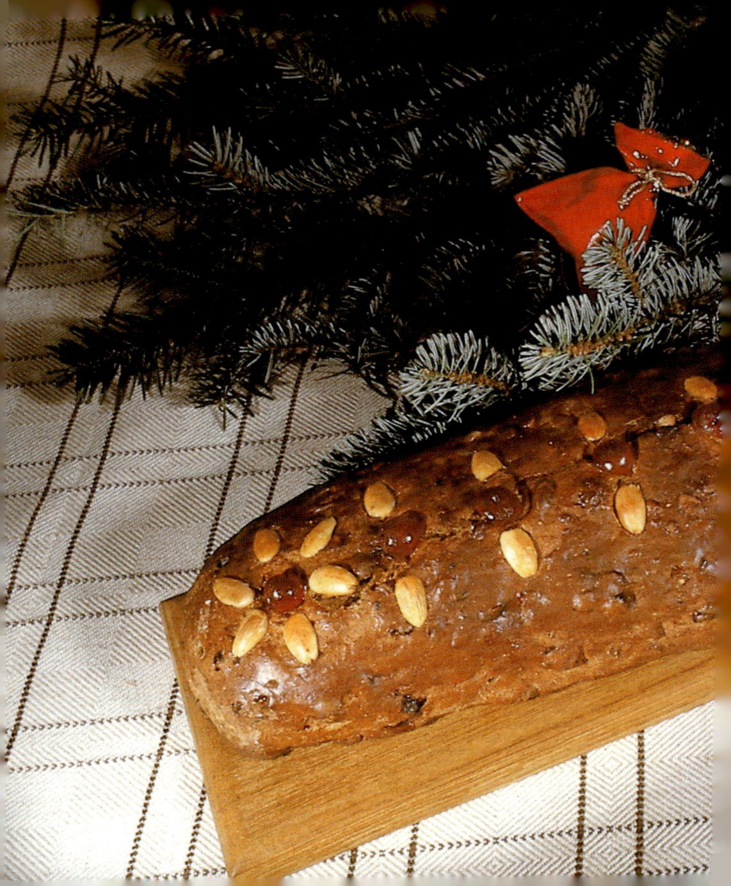

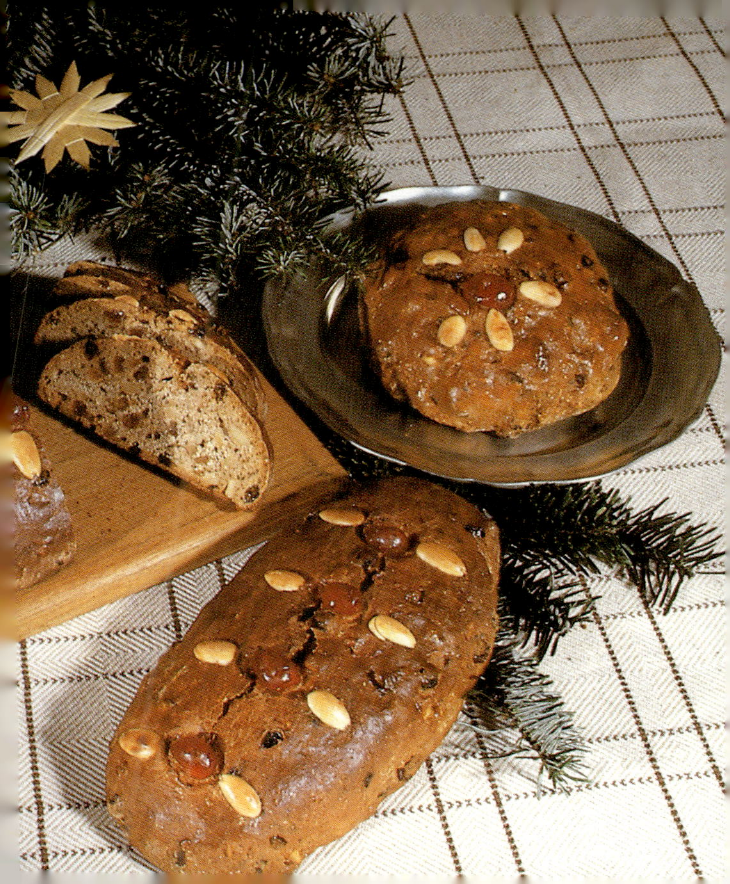

zutaten vermengen; einige Zeit zugedeckt ziehen lassen. Die Zutaten mit dem aufgegangenen Brotteig vermengen und alles gut durchkneten. Ist der Teig an einem warmen Ort nochmals aufgegangen, teilt man ihn und formt unter Drücken und Kneten zwei Laibe oder Wecken. Diese nochmals kurz gehen lassen und sie mit einer Paste aus Eidotter und Mehl bestreichen, bis die Gebäcke seidig glatt glänzen. Nun mit geschälten Mandeln und kandierten Kirschen verzieren, das Brot musterförmig einstechen und langsam im vorgeheizten Rohr backen; Backtemperatur ca. 220°. Wassergefäß einstellen.

## Register

Baguette 62
Bauernbrot 67
Bierbrotstangen 78
Brioches 38
Buttermilchbrot 75
Croissants 37
Dinkelbrot 51, 65
Dinkelfladen 64
Frühstücksweckerl 20
Gewürzbrot 80
Grahambrot 46
Grahamweckerl 28
Haferbrot 90
Haferflockenbrot 84
Hausbrot 77
Joghurtbrot 44
Karotten-Mandel-Brot 89
Kipferl, mürbe 30
Kleine Gebäcke 20
Kletzenbrot 91
Kräuterbrot 59
Kümmelbrot 72
Kümmelkranz 74
Kümmelzöpfe 25
Laugenbrezel 26
Leinsamenbrot 45, 82
Luchchi – Weizenfladen 58
Maisbrot 90
Mischbrote 77
Mischbrot, herzhaftes 81
Molke-Roggenbrot 71
Müslibrot 52
Parati – indische Fladen 60
Plattenbrot 56
Roggenbrote 66

Roggenbrot, einfaches 60
Roggenbrot, gebrühtes 70
Roggenes Buttermilchbrot 75
Roggenschrotbrot 73
Rosinenbrot 50
Rosinensemmeln 36
Schrotlaibchen 41
Schusterlaibchen 29
Sesambrot 86
Sonnenblumenkernebrot 48
Specklaibchen 34
Spezialbrote 86
Topfensemmeln 35
Vierkornbrot 83
Weizenbrote 43
Weizenbrot, freigeschobenes 55
Weizenhausbrot 43
Weizenmischbrot mit Joghurt 85
Weizenschrotbrot 54
Weizenvollkornsemmeln 21
Zelten 91
Zitronen-Apfel-Brot 88
Zwiebelfladen 63

In gleicher Ausstattung als Mini-Ausgabe sind im Tyrolia-Verlag erschienen:

**Maria Drewes, Das Knödelbuch**
**Maria Drewes, Tiroler Küche**